Petit recueil de

PENSÉES HINDOUISTES

Roselyne

Petit recueil de
PENSÉES HINDOUISTES

par
Maguy Ly
et Nicole Masson

chêne

Introduction

AVEC LE SYSTÈME DES CASTES, les parias, les intouchables, les brahmanes, ses dieux hauts en couleurs, l'hindouisme, qui fait de l'Inde elle-même une sorte de déesse-mère, déconcerte les Occidentaux qui l'imaginent souvent comme une religion polythéiste bien loin de leurs préoccupations.

Mais l'hindouisme est une des plus anciennes religions qui porte en elle une sagesse fondamentale, rapprochant l'homme du reste de la création. Dans le choix des textes de ce recueil, nous avons mis l'accent sur quelques grandes figures : Gandhi et la voie de la non-violence, Sri Aurobindo et la réflexion sur la place de l'homme dans l'univers et Rabindranath Tagore, le grand poète sensible. D'autres penseurs variés et nombreux, et notamment des femmes, complètent un ensemble qui devrait toucher par son message universel de tolérance, de respect de la nature et de recherche de l'harmonie.

1

SI VOUS FERMEZ la porte
à toutes les erreurs,
la vérité restera dehors.

Rabindranath Tagore (1861-1941),
poète et philosophe indien,
lauréat du prix Nobel

2

À TOUT PÉCHÉ sa pénitence, mais
tuer le temps est un péché
qu'aucune pénitence ne punit.

Chandra Swami (né en 1930),
maître spirituel hindou

3
TOUT EN L'ANIMAL n'est pas instinct à demi conscient ; l'animal prépare l'intelligence humaine.

Aurobindo Ghose,
dit Sri Aurobindo (1872-1950),
philosophe et mystique

4
C'EST DANS L'EFFORT que l'on trouve la satisfaction et non dans la réussite. Un plein effort est une pleine victoire.

Mohandas Karamchand Gandhi,
dit Mahatma Gandhi (1869-1948),
politicien et guide spirituel de l'Inde

5

COMBIEN DE TEMPS allez-vous passer dans une auberge en chemin ? N'avez-vous pas envie de revenir à la maison ? Comme tout ceci est merveilleux !... En son propre Soi, on est à la fois le pèlerin, l'exil, le retour à la maison et la maison elle-même...

Nirmalâ Sundari Devî,
dite Mâ Ananda Mayî (1896-1982),
philosophe et mystique indienne

6

CHAQUE ENFANT nouveau-né apporte le message que Dieu n'est pas encore découragé de l'homme.

Rabindranath Tagore (1861-1941),
poète et philosophe indien,
lauréat du prix Nobel

7

SI NOUS AVONS en nous la peur
de Dieu, nous cessons
de craindre les hommes.

Mohandas Karamchand Gandhi,
dit Mahatma Gandhi (1869-1948),
politicien et guide spirituel de l'Inde

8

CET UNIVERS est comme
un océan à l'équilibre parfait.
Tu ne peux pas soulever
une vague ici sans creuser
un trou ailleurs.
La somme totale d'énergie
de l'univers est identique
d'un bout à l'autre.
Si tu la prends ici, tu la perds
ailleurs.

Narendranath Datta,
dit Vivekânanda (1863-1902),
philosophe indien disciple de Râmakrishna

9

Ô DIEU, je ne désire rien
Qui puisse me séparer de Toi.

Srimad Bhagavatam, livre sacré

10

C'EST UNE ERREUR de croire
nécessairement faux
ce qu'on ne comprend pas.

Mohandas Karamchand Gandhi,
dit Mahatma Gandhi (1869-1948),
politicien et guide spirituel de l'Inde

11

EN QUI, en quoi et comment
je me réincarnerai,
Cet esprit et ces formes,
quoi que je sois,
Aujourd'hui je l'assume
et je le dépose à Tes pieds,
Ô Seigneur.

Yamunacharya,
gourou du XIe-XIIe siècle environ

12
CE MONDE n'est qu'une comédie dont le Seigneur est l'Éternel Spectateur et toi un acteur de passage.

Chandra Swami (né en 1930), maître spirituel hindou

13
CE QUI EST suprêmement important, c'est ce que je fais de mon hérédité, et non pas ce que mon hérédité fait de moi.

Aurobindo Ghose, dit Sri Aurobindo (1872-1950), philosophe et mystique

14
DANS CETTE VIE, toutes les vérités sont vraies.

Nirmalâ Sundari Devî, dite Mâ Ananda Mayî (1896-1982), philosophe et mystique indienne

15
Ne pleurez jamais d'avoir perdu le soleil, les larmes vous empêcheront de voir les étoiles.

Rabindranath Tagore (1861-1941),
poète et philosophe indien,
lauréat du prix Nobel

16
Si seulement les gens ne voulaient pas coopérer à la folie que sont les jeux de hasard, ceux-ci finiraient bientôt par disparaître.

Mohandas Karamchand Gandhi,
dit Mahatma Gandhi (1869-1948),
politicien et guide spirituel de l'Inde

17

JAMAIS nous ne devrions essayer de suivre le chemin d'un autre, car c'est sa voie, pas la nôtre.

Narendranath Datta,
dit Vivekânanda (1863-1902),
philosophe indien disciple de Râmakrishna

18

IL FAUT APPRENDRE à rester serein au milieu de l'activité et à être vibrant de vie au repos.

Mohandas Karamchand Gandhi,
dit Mahatma Gandhi (1869-1948),
politicien et guide spirituel de l'Inde

19

JE FAIS de Dieu ma nourriture
et ma boisson,
Dieu est le lit sur lequel
je m'étends,
Dieu est tout ce que je donne
et tout ce que je prends,
Je suis en communion
continuelle avec Dieu.

Namdev (1270 ?-1350),
« saint » du Mahrashtra,
auteur de cantiques

20

C'EST SEULEMENT
par le renoncement au Moi
et au Mien que s'accomplit
l'œuvre du Seigneur.

Kabîr (1440-1518),
poète et philosophe

21
LES HOMMES qui vivent dans ce monde en ignorant Dieu sont comme les habitants d'une hutte en terre sèche, sans autre ouverture sur le monde extérieur qu'une étroite fenêtre.

Râmakrishna (1834-1886),
mystique hindou

22
À L'INSTANT de la mort,
l'âme revêt un corps nouveau,
l'ancien étant devenu inutile, de
même qu'on se défait
de vêtements usés pour
en revêtir de neufs.

Bhagavad-Gîtâ

23
EN VÉRITÉ, le char de la vie humaine repose sur deux roues : l'effort personnel et le destin.

Chandra Swami (né en 1930), maître spirituel hindou

24
DE MÊME que la pluie tombe, la grâce ne cesse de nous parvenir. Essaie de maintenir ton récipient à l'endroit. S'il est à l'envers, ça se videra.

Nirmalâ Sundari Devî, dite Mâ Ananda Mayî (1896-1982), philosophe et mystique indienne

25
DONNER DE L'AMOUR, les lâches ne le peuvent pas.
C'est la prérogative des humains courageux.

Mohandas Karamchand Gandhi,
dit Mahatma Gandhi (1869-1948),
politicien et guide spirituel de l'Inde

26
TOUT EST CHANGÉ, tout est nouveau ; les vieilles défroques sont tombées et le nouveau-né entrouvre les yeux à l'aurore qui luit.

Mirra Alfassa,
dite la Mère (1878-1973),
compagne d'Aurobindo

27
JE SUIS FIER de vous apprendre que j'appartiens à une religion qui a pour langue sacrée le sanskrit, dans laquelle le mot « exclusion » est intraduisible.

Narendranath Datta,
dit Vivekânanda (1863-1902),
philosophe indien disciple de Râmakrishna

28
CHAQUE INSTANT est plein de choses infinies ; on peut le voir reprenant le travail d'une éternité passée et modelant le travail d'une éternité future.

Aurobindo Ghose,
dit Sri Aurobindo (1872-1950),
philosophe et mystique

29

LES FAUSSES excuses sont
au nombre de trois :
Désolé, je n'ai pas le temps ;
Hélas, je ne suis pas prêt ;
Dieu ne Se soucie
certainement pas de moi ;
Alors, à quoi bon ?

Chinmoy Kumar Ghose,
né Sri Chinmoy (1931-2007),
gourou indien, peintre, musicien et écrivain

30

DONNER UN VERRE d'eau
en échange d'un verre d'eau n'est
rien ; la vraie grandeur consiste
à rendre le bien pour le mal.

Mohandas Karamchand Gandhi,
dit Mahatma Gandhi (1869-1948),
politicien et guide spirituel de l'Inde

31
HÉLAS ! la cour du Seigneur est si vaste et pourtant personne n'y vient.

Chandra Swami (né en 1930), maître spirituel hindou

32
ABSORBÉ dans le service de dévotion, le sage prend refuge en le Seigneur et, renonçant en ce monde aux fruits de ses actes, s'affranchit du cycle des morts et des renaissances. Il parvient ainsi à l'état qui est par-delà la souffrance.

Bhagavad-Gîtâ

33

EN OPPOSANT la haine à la haine,
on ne fait que la répandre,
en surface comme
en profondeur.

Mohandas Karamchand Gandhi,
dit Mahatma Gandhi (1869-1948),
politicien et guide spirituel de l'Inde

34

EST VU, vraiment vu, ce qui
une fois vu enlève tout désir
d'en voir plus.

Nirmalâ Sundari Devî,
dite Mâ Ananda Mayî (1896-1982),
philosophe et mystique indienne

35
IL EST IMPOSSIBLE de barrer la route à l'erreur sans limiter les chances d'acquisition de la connaissance.

Aurobindo Ghose,
dit Sri Aurobindo (1872-1950),
philosophe et mystique

36
UN HOMME cruel avec les animaux ne peut être un homme bon.

Mohandas Karamchand Gandhi,
dit Mahatma Gandhi (1869-1948),
politicien et guide spirituel de l'Inde

37
L'HOMME IDÉAL est celui qui, au milieu de l'activité la plus intense, sait trouver le silence et la solitude du désert.

Narendranath Datta,
dit Vivekânanda (1863-1902),
philosophe indien disciple de Râmakrishna

38
IL Y A DES ESPRITS emprisonnés dans la brillante coquille du passé, des intellects bornés, en dépit de leur acuité, par les limites de leur champ d'expérience et de recherche.

Aurobindo Ghose,
dit Sri Aurobindo (1872-1950),
philosophe et mystique

39
JE M'OPPOSE à la violence parce que, lorsqu'elle semble produire le bien, le bien qui en résulte n'est que transitoire, tandis que le mal produit est permanent.

Mohandas Karamchand Gandhi,
dit Mahatma Gandhi (1869-1948),
politicien et guide spirituel de l'Inde

40
FAITES LA CHARITÉ,
engagez-vous dans le service,
pratiquez l'obéissance, et
vous en viendrez à comprendre
par vous-même dans quel esprit
ces actes sont accomplis
par votre intermédiaire.

Nirmalâ Sundari Devî,
dite Mâ Ananda Mayî (1896-1982),
philosophe et mystique indienne

41

JADIS j'étais empli de crainte en voyant que chaque pas dans ce monde pouvait être un faux pas, mais quand j'ai réalisé qu'Il m'avait tenu la main sur tout le chemin, toutes mes inquiétudes se sont dissipées.

Chandra Swami (né en 1930),
maître spirituel hindou

42

CELUI QUE les plaisirs matériels n'attirent plus, qui n'est plus esclave de ses désirs, qui a rejeté tout esprit de possession et qui s'est libéré du faux ego peut seul connaître la sérénité parfaite.

Bhagavad-Gîtâ

43
L'ERREUR ne devient pas vérité parce qu'elle se propage et se multiplie ; la vérité ne devient pas erreur parce que nul ne la voit.

Mohandas Karamchand Gandhi, dit Mahatma Gandhi (1869-1948), politicien et guide spirituel de l'Inde

44
POUR PRATIQUER un tel *Yoga*, il faut être guidé par un gourou qui soit versé dans les *Veda*, dévot de Vishnu, bienveillant. [...] Seul un tel précepteur, dévoué à ses propres maîtres et vrai serviteur du Seigneur, mérite le nom de *Guru*. Mais *Gu* c'est les ténèbres, et *Ru* c'est la lumière qui les repousse et les disperse, ainsi le gourou vainc-t-il l'ignorance !

Upanishad, écrits philosophiques

45
LE SAGE est un enfant
avec l'illumination en plus.

Swâmi Prajnânpad,
appelé Swâmiji (1891-1974),
maître indien contemporain

46
L'HOMME n'a pas pour but
le plaisir, mais la connaissance.

Narendranath Datta,
dit Vivekânanda (1863-1902),
philosophe indien disciple de Râmakrishna

47
TOUT EN MÉDITANT sur le *mantra* à cinq syllabes : « Je suis la Conscience universelle », l'adepte ferme les yeux, complètement ou à demi, et tourne son regard vers l'intérieur de lui-même ; il perçoit alors au-dessus d'un point à hauteur du front, entre les deux sourcils, une masse lumineuse, c'est le Brahman suprême, Être-Conscience-Béatitude à Qui il s'identifie !

Upanishad, écrits philosophiques

48
VERS TOUT être vivant
je tourne mon regard ;
J'y vois mon propre corps
sous un autre visage.

Chinmoy Kumar Ghose,
dit Sri Chinmoy (1931-2007),
gourou indien, peintre, musicien et écrivain

49
L'ABATTEMENT et les tracas sont tout autant étrangers au yogi que l'ombre peut l'être à la lumière.

Chandra Swami (né en 1930),
maître spirituel hindou

50
LA HAINE tue toujours,
l'amour ne meurt jamais.

Mohandas Karamchand Gandhi,
dit Mahatma Gandhi (1869-1948),
politicien et guide spirituel de l'Inde

51
L'HOMME ne progresse pas
de l'erreur vers la vérité,
mais de vérités en vérités,
d'une vérité moindre à une vérité plus grande.

Narendranath Datta,
dit Vivekânanda (1863-1902),
philosophe indien disciple de Râmakrishna

52
CELUI QUI reste inébranlable
malgré le flot incessant
des désirs, comme l'océan
demeure immuable malgré
les mille fleuves qui s'y jettent,
peut seul trouver la sérénité ;
mais certes pas celui qui cherche
à satisfaire ces désirs.

Bhagavad-Gîtâ

53
L'ARBRE n'explique pas la graine,
ni la graine l'arbre ;
le cosmos explique les deux,
et Dieu explique le cosmos.

Aurobindo Ghose,
dit Sri Aurobindo (1872-1950),
philosophe et mystique

54
JE NE SUIS qu'une enfant
et je ne sais pas donner
des conférences ou des discours.
De même qu'une enfant,
lorsqu'elle trouve quelque chose
de sucré, de bon, l'apporte
à son père ou sa mère,
de même je dispose devant vous
ce qui est bon et sucré.
Prenez ce qui vous plaît.

Nirmalâ Sundari Devî,
dite Mâ Ananda Mayî (1896-1982),
philosophe et mystique indienne

55
IL FAUT VÉNÉRER l'Âme qui est
faite de la pensée, dont le corps
est souffle, la forme lumière,
l'être espace.

Upanishad, écrits philosophiques

56

MA TÂCHE humaine
Consiste à savoir ce qu'il faut
Et
À faire ce qu'il faut.
La tâche divine de Dieu
Consiste à oublier mon passé,
Pardonner mon présent
Et
À accorder espoir à mon avenir.

Chinmoy Kumar Ghose,
dit Sri Chinmoy (1931-2007),
gourou indien, peintre, musicien et écrivain

57

LA FORCE du nombre ne réjouit que le peureux. Celui qui est courageux en esprit se fait gloire de combattre seul.

Mohandas Karamchand Gandhi,
dit Mahatma Gandhi (1869-1948),
politicien et guide spirituel de l'Inde

58
L'HOMME est ce qu'il s'est fait ; l'homme du passé est le père de l'homme du présent, et celui-ci est le père de l'homme qui sera.

Aurobindo Ghose,
dit Sri Aurobindo (1872-1950),
philosophe et mystique

59
ÊTRE c'est être libre d'avoir.

Swâmi Prajnânpad,
appelé Swâmiji, 1891-1974,
maître indien contemporain

60

CE SONT les enseignements qui comptent, pas l'instructeur qui les délivre.

Jiddu Krishnamurti (1895-1986),
philosophe indien

61

L'ESPRIT d'un révolté est aussi habité par des obsessions. Comment son action peut-elle être libre ?

Chandra Swami (né en 1930),
maître spirituel hindou

62

CELUI QUI, libre de tout lien, ne se réjouit pas plus dans le bonheur qu'il ne s'afflige du malheur, celui-là est fermement établi dans la connaissance absolue.

Bhagavad-Gîtâ

63

LA NON-VIOLENCE est la loi de notre espèce tout comme la violence est la loi de l'animal. L'esprit dans l'animal est à l'état latent, et l'animal ne connaît pas d'autre loi que celle de la force physique. La dignité de l'homme exige qu'il obéisse à une loi plus haute, à la force de l'esprit.

Mohandas Karamchand Gandhi,
dit Mahatma Gandhi (1869-1948),
politicien et guide spirituel de l'Inde

64

LES JOURS s'écoulent ; vous en avez déjà laissé passer tellement ; efforcez-vous d'utiliser au mieux le nombre de jours qui vous restent à vivre.

Nirmalâ Sundari Devî,
dite Mâ Ananda Mayî (1896-1982),
philosophe et mystique indienne

65
CHACUN POSSÈDE un trésor.
Sois conscient et généreux
de ton trésor et, en même temps,
reste ouvert, attentif à recevoir
le trésor des autres, disposé
à apprendre et à te remettre
en question.

Rabindranath Tagore (1861-1941),
poète et philosophe indien,
lauréat du prix Nobel

66
ÉCOUTE, ô Terre, la voix sublime
qui s'élève.
Écoute et reprends courage.

Mirra Alfassa,
dite la Mère (1878-1973),
compagne d'Aurobindo

67

LA JOIE et la tristesse sont toutes deux des chaînes ; l'une est en or et l'autre est en fer, mais elles sont également faites pour nous enchaîner et nous empêcher de réaliser notre vraie nature.

Narendranath Datta,
dit Vivekânanda (1863-1902),
philosophe indien disciple de Râmakrishna

68

C'EST L'INTUITION qui apporte à l'homme ces fulgurants messages de l'Inconnu qui sont le début de la plus haute connaissance. La raison n'intervient qu'ensuite.

Aurobindo Ghose,
dit Sri Aurobindo (1872-1950),
philosophe et mystique

69

LA RÈGLE D'OR de la conduite est la tolérance mutuelle, car nous ne penserons jamais tous de la même façon, nous ne verrons qu'une partie de la vérité et sous des angles différents.

Mohandas Karamchand Gandhi, dit Mahatma Gandhi (1869-1948), politicien et guide spirituel de l'Inde

70

LA PREMIÈRE discipline implique la non-violence, la vérité, le désintéressement, la modération, le refus des possessions inutiles. C'est une règle universelle qui ne dépend ni du mode d'existence, ni du lieu, ni de l'époque, ni des circonstances.

Yogasûtra de Patañjali (environ IIIe-Ve siècle)

71
L'ÉVOLUTION spirituelle exige une transformation divine et entière de l'individu. Elle suppose le jeu de vies successives.

Chandra Swami (né en 1930), maître spirituel hindou

72
CELUI QUI, telle une tortue qui rétracte ses membres au fond de sa carapace, peut détacher de leurs objets les sens, celui-là possède le vrai savoir.

Bhagavad-Gîtâ

73

OCCUPE joyeusement ta place : il y a de la place pour chacun, sinon ni toi ni moi ne serions là. Pense que la place que tu n'occupes pas pour ne pas déranger reste vide à jamais et réjouis-toi que chacun occupe pleinement la sienne autour de toi.

Rabindranath Tagore (1861-1941), poète et philosophe indien, lauréat du prix Nobel

74

NE SAVEZ-VOUS pas pourquoi on ne peut se concentrer ? Le désir agit comme une force de dissuasion : de même, lorsque vous cherchez à pénétrer dans la mer, les vagues vous repoussent vers la plage ; si vous persévérez et atteignez un niveau plus profond, les vagues vous empêcheront d'aller plus loin.

Nirmalâ Sundari Devî,
dite Mâ Ananda Mayî (1896-1982),
philosophe et mystique indienne

75

MOINS ON POSSÈDE, moins on désire.

Mohandas Karamchand Gandhi, dit Mahatma Gandhi (1869-1948), politicien et guide spirituel de l'Inde

76

VOUS ÊTES remplis de l'univers sans limites tout entier (Brahmanda). En dehors de vous personne n'est le Seigneur de l'univers.

Lahiri Mahasaya (1828-1895), mystique indien

77

LA VÉRITÉ peut être énoncée de mille façons différentes, mais chacune peut être vraie.

Narendranath Datta, dit Vivekânanda (1863-1902), philosophe indien disciple de Râmakrishna

78
LA CONNAISSANCE est là,
cachée dans l'ignorance même ;
il s'agit de la dévoiler plutôt que
de l'acquérir.

Aurobindo Ghose,
dit Sri Aurobindo (1872-1950),
philosophe et mystique

79
UN GRAIN de poussière ne souille
pas une fleur.

Rabindranath Tagore (1861-1941),
poète et philosophe indien,
lauréat du prix Nobel

80
PRATIQUEZ d'abord et prêchez
ensuite.

Swami Satyananda (1896-1971),
mystique indien

81
NUL ÊTRE HUMAIN n'est trop mauvais pour être sauvé. Nul être humain n'est assez parfait pour avoir le droit de tuer celui qu'il considère à tort comme entièrement mauvais.

Mohandas Karamchand Gandhi,
dit Mahatma Gandhi (1869-1948),
politicien et guide spirituel de l'Inde

82
COMME UN VENT violent balaie sur l'eau une nacelle, il suffit que l'un des sens entraîne le mental pour que l'intelligence soit emportée.

Bhagavad-Gîtâ

83
TU ES NON NÉ, sans forme et
absolu. Tu es au-delà
de la félicité elle-même,
l'Unique et l'Infini.
Tu es le Suprême, sans attributs,
ni différenciation ni désir.
En vérité Seigneur,
Tu es le Suprême Brahman.
À Toi, ô Seigneur, nous offrons
notre adoration.

Invocation hindouiste

84
OUI, si vous pouvez rester silencieux et en harmonie avec tout votre entourage, ce sera excellent. Essayez de rester immobile et sans rien manifester aussi longtemps que possible.

Nirmalâ Sundari Devî,
dite Mâ Ananda Mayî (1896-1982),
philosophe et mystique indienne

85

L'ÊTRE COMPATISSANT se penche instinctivement vers la souffrance d'autrui ; il tente de la soulager. La lune ne s'efforce-t-elle pas, pendant la nuit, de rafraîchir la terre qu'ont desséchée les ardents rayons du soleil !

Sri Chamkaracarya (788-820), prédicateur brahmaniste

86
VOUS ÊTES ABSOLUMENT libres de réaliser tout le profit possible. Mais vous devez comprendre que cette richesse ne vous appartient pas : elle appartient au peuple. Prenez ce qu'il vous faut pour vos besoins légitimes et utilisez le reste pour le bien de la société.

Mohandas Karamchand Gandhi,
dit Mahatma Gandhi (1869-1948),
politicien et guide spirituel de l'Inde

87
LA VOLONTÉ n'est pas libre
– elle est un phénomène lié
aux causes, aux effets –
mais il y a quelque chose
derrière la volonté qui est libre.

Narendranath Datta,
dit Vivekânanda (1863-1902),
philosophe indien disciple de Râmakrishna

88

La logique, après tout,
n'est qu'une danse cadencée
du mental, rien de plus.

Aurobindo Ghose,
dit Sri Aurobindo (1872-1950),
philosophe et mystique

89

Certains se disent
mes disciples, je ne peux ni
le confirmer, ni l'infirmer ;
pour moi, tous les hommes sont
les mêmes.

Râmana Maharshi (1879-1950),
philosophe et mystique hindou

90

L'UNIVERS en vérité n'est pas tel qu'il nous apparaît au travers des organes des sens, teinté de haine et d'amour. Les sages y voient le terrain de jeu de l'infini.

Chandra Swami (né en 1930), maître spirituel hindou

91

ÉPHÉMÈRES, joies et peines, comme étés et hivers, vont et viennent. Elles ne sont dues qu'à la rencontre des sens avec la matière et il faut apprendre à les tolérer, sans en être affecté.

Bhagavad-Gîtâ

92

AUSSI AMER que ce soit
de l'admettre, le fait est qu'il n'y
aurait pas d'exploitation
si les gens refusaient d'obéir
à l'exploitant. Ce qu'il faut, c'est
cesser de s'accrocher aux chaînes
qui nous entravent.

Mohandas Karamchand Gandhi,
dit Mahatma Gandhi (1869-1948),
politicien et guide spirituel de l'Inde

93

SOUVENEZ-VOUS que les joies
et les peines de ce monde sont
les ombres mobiles
que vous-mêmes projetez.

Nirmalâ Sundari Devî,
dite Mâ Ananda Mayî (1896-1982),
philosophe et mystique indienne

94
LES CAUSES de souffrance sont l'aveuglement, le sentiment de l'ego, le désir de prendre, le refus d'accepter, l'attachement à la vie.

Yogasûtra de Patañjali
(environ IIIe-Ve siècle)

95
Ô SOLEIL ! porte-nous chance
par ton regard,
Chance le jour,
Chance par le rayon,
Chance par le froid, par la chaleur !
Pour qu'il y ait chance
dans le voyage,
Chance dans la maison !
Ô Soleil, confère-nous
ton trésor merveilleux !

Veda

96
LE MONDE est un grand gymnase où nous venons pour nous rendre forts.

Narendranath Datta, dit Vivekânanda (1863-1902), philosophe indien disciple de Râmakrishna

97
LA MORT n'est qu'un changement dans la vie immortelle, la douleur un ressac violent des eaux de l'universel délice.

Aurobindo Ghose, dit Sri Aurobindo (1872-1950), philosophe et mystique

98
CELUI QUI DIT : « J'agirai ainsi dans la mesure du possible » révèle ou bien son orgueil, ou bien sa faiblesse.

Mohandas Karamchand Gandhi, dit Mahatma Gandhi (1869-1948), politicien et guide spirituel de l'Inde

99
LE YOGA se pratique selon trois modalités inséparables : un effort soutenu, la conscience intérieure de soi et l'abandon au Seigneur.

Yogasûtra de Patañjali (environ IIIe-Ve siècle)

100

LA SAGESSE engendre la sobriété ; l'amour engendre la douceur. Mais si la Conscience suprême pénètre notre vie, elle l'emplit à la fois de douceur et de sobriété.

Chandra Swami (né en 1930), maître spirituel hindou

101

ÉTABLI dans la réalisation spirituelle, purifié de toute souillure matérielle, le yogi jouit du bonheur suprême que procure l'union constante avec l'Absolu.

Bhagavad-Gîtâ

102
LA VIE ORGANISÉE dans le corps
doit passer par le processus
de la mort pour être reconstruite
ou renouvelée.

Aurobindo Ghose,
dit Sri Aurobindo (1872-1950),
philosophe et mystique

103
TOUTE CHOSE est infinie
– infini et fini sont en fait
la même chose ; dans
une guirlande le fil est un, mais
il y a des vides entre les fleurs.
Ce sont ces vides qui causent
le manque et le chagrin.
Les remplir, c'est être libre
du manque.

Nirmalâ Sundari Devî,
dite Mâ Ananda Mayî (1896-1982),
philosophe et mystique indienne

104
CHAQUE FOYER dans le pays est une école et les parents en sont les instituteurs.

Mohandas Karamchand Gandhi, dit Mahatma Gandhi (1869-1948), politicien et guide spirituel de l'Inde

105
CHAQUE INHALATION est
une naissance.
Chaque exhalation
est une mort. Ainsi chaque
souffle est une vie entière.

Paramahansa Hariharananda (1908- 2002), mystique indien

106

NOTRE CORPS est la barque qui nous portera jusqu'à l'autre rive de l'océan de la vie. Il faut en prendre soin.

Narendranath Datta,
dit Vivekânanda (1863-1902),
philosophe indien disciple de Râmakrishna

107

N'OUBLIEZ JAMAIS la gloire de la nature humaine ! Nous sommes le plus grand Dieu qui ait jamais été et qui ne sera jamais. Les Christs et les Bouddhas ne sont que des vagues sur l'océan sans limites que Je suis.

Narendranath Datta,
dit Vivekânanda (1863-1902),
philosophe indien disciple de Râmakrishna

108

LA MÉDITATION est un des arts majeurs dans la vie, peut-être « l'art suprême », et on ne peut l'apprendre de personne : c'est sa beauté. Il n'a pas de technique, donc pas d'autorité.

Jiddu Krishnamurti (1895-1986), philosophe indien

109

LE VÉRITABLE esprit védantique ne part point d'un système d'idées préconçues. Il est d'une absolue liberté, et d'une hardiesse sans égale parmi les religions.

Romain Rolland (1866-1944), écrivain français, lauréat du prix Nobel

110

CONSOMMER de la viande et du lait comporte des inconvénients certains. Pour obtenir de la viande, il faut tuer. Et le seul lait que nous serions en droit de consommer sans enfreindre le principe de non-violence est le lait maternel de notre enfance.

Mohandas Karamchand Gandhi,
dit Mahatma Gandhi (1869-1948),
politicien et guide spirituel de l'Inde

111

FAIS TON DEVOIR, sans être lié
ni par le succès ni par l'échec.
Cette égalité d'âme,
on l'appelle *yoga*.

Bhagavad-Gîtâ

112
« J'AI PERDU ma goutte de rosée ! » disait en pleurant la fleur au ciel matinal qui avait perdu toutes ses étoiles.

Rabindranath Tagore (1861-1941),
poète et philosophe indien,
lauréat du prix Nobel

113
TA PAIX est en moi et dans cette paix je ne vois plus que Toi présent en toute chose, avec le calme de l'Éternité.

Mirra Alfassa,
dite la Mère (1878-1973),
compagne d'Aurobindo

114
LE MAL, c'est le bien
qui se désintègre pour préparer
un bien supérieur.

Aurobindo Ghose,
dit Sri Aurobindo (1872-1950),
philosophe et mystique

115
NOUS DEVONS TOUJOURS garder
à l'esprit que nous n'allons pas
devenir libres, mais que nous
le sommes déjà.

Narendranath Datta,
dit Vivekânanda (1863-1902),
philosophe indien disciple de Râmakrishna

116
DANS LA VIE du monde on saisit toujours un objet particulier. Mais qu'arrive-t-il quand on sent et qu'on réalise qu'il n'y a rien à saisir ? Il y a une disparition complète de la conscience du monde et quand ce sentiment se cristallise, on sent : tout est à moi, tout m'appartient. L'éveil n'est rien d'autre que cela.

Swâmi Prajnânpad,
appelé Swâmiji (1891-1974),
maître indien contemporain

117
L'ÂME est indestructible, éternelle et sans mesure ; seuls les corps matériels qu'elle emprunte sont sujets à la destruction.

Bhagavad-Gîtâ

118
LA VIE SOCIALE ou familiale est tout aussi propice à l'effort spirituel que la vie solitaire. Sois un chercheur de vérité, où que tu te trouves, et vois combien le divin imprègne ta vie.

Chandra Swami (né en 1930),
maître spirituel hindou

119
LE CONTRÔLE du souffle vous mènera donc au contrôle du mental et à la libération.

Paramahansa Hariharananda
(1908-2002), mystique indien

120
DU CAPITALISTE, nous attendons qu'il se considère comme le mandataire responsable de ceux sur lesquels il compte pour produire, accumuler et accroître son capital.

Mohandas Karamchand Gandhi,
dit Mahatma Gandhi (1869-1948),
politicien et guide spirituel de l'Inde

121
UNE GRAINE que l'on garde dans la main ne peut germer. Pour révéler toutes ses possibilités, elle doit se métamorphoser en plante et porter des fruits.

Nirmalâ Sundari Devî,
dite Mâ Ananda Mayî (1896-1982),
philosophe et mystique indienne

122
LE PÉRIL qui nous menace,
c'est que le barbare surgisse
à nouveau en nous-mêmes,
en l'homme civilisé.

Aurobindo Ghose,
dit Sri Aurobindo (1872-1950),
philosophe et mystique

123
LE BUT de la vie n'est pas
de renoncer à celle-ci.
Le but véritable de la vie
devrait être de la rendre divine
et parfaite.

Chandra Swami (né en 1930),
maître spirituel hindou

124
NOUS SOMMES ce que nos pensées ont fait de nous ; ainsi, prenez soin de ce que vous pensez. Les mots sont secondaires. Les pensées vivent ; elles voyagent loin.

Narendranath Datta,
dit Vivekânanda (1863-1902),
philosophe indien disciple de Râmakrishna

125
D'ABORD REGARDEZ avec lucidité ce qui est, ce que vous êtes, ici et maintenant : pour cela, vous devez être convaincu que la comparaison et les jugements de valeur ne sont absolument pas fondés. Rien n'est ni bien ni mal et vous êtes donc ce que vous êtes.

Swâmi Prajnânpad,
appelé Swâmiji (1891-1974),
maître indien contemporain

126

LE SILENCE ne consiste pas
à fermer la bouche ;
c'est un éternel discours.

Râmana Maharshi (1879-1950),
philosophe et mystique hindou

127

ÉVACUER les excréments et les déchets est aussi nécessaire que de manger. Chacun doit être son propre éboueur et son propre vidangeur de latrines.

Mohandas Karamchand Gandhi,
dit Mahatma Gandhi (1869-1948),
politicien et guide spirituel de l'Inde

128
Où peut-on aller pour trouver Dieu si nous ne pouvons pas Le voir dans nos propres cœurs et dans chaque être vivant ?

Narendranath Datta,
dit Vivekânanda (1863-1902),
philosophe indien disciple de Râmakrishna

129
Vous sentez : ce que j'avais à faire je l'ai fait, ce que j'avais à obtenir je l'ai obtenu, ce que j'avais à donner je l'ai donné.

Swâmi Prajnânpad,
appelé Swâmiji (1891-1974),
maître indien contemporain

130
TU ES LA CAUSE du monde,
la connaissance première,
l'origine des dieux, l'origine
de la félicité, le Seigneur
des Gunas, le Seigneur de tous
les êtres célestes. Tu emplis tout
l'univers et Tu es vénéré de tous.
Tu es le dieu des dieux.
À Toi, ô Seigneur,
nous offrons notre adoration.

Invocation hindouiste

131
NOS INSTRUMENTS mentaux
imparfaits ne sont pas le dernier
mot de ce qui nous est possible.

Aurobindo Ghose,
dit Sri Aurobindo (1872-1950),
philosophe et mystique

132

ÊTRE NON-VIOLENT suppose une complète absence de mauvaise volonté à l'égard de tout ce qui vit, même de forme sous-humaine de vie, tel que les insectes ou les bêtes sauvages. Car ces formes n'ont pas été créées pour alimenter nos tendances destructrices.

Mohandas Karamchand Gandhi,
dit Mahatma Gandhi (1869-1948),
politicien et guide spirituel de l'Inde

133

CELUI QUI ne se voit pas lui-même n'arrête pas de parler des autres. Il passe son temps à repérer et à mépriser en autrui des fautes et des faiblesses qui sont en fait camouflées et refoulées en lui-même.

Swâmi Prajnânpad,
appelé Swâmiji (1891-1974),
maître indien contemporain

134
LES FRUITS du yoga,
reconnaissables entre tous,
sont le rayonnement du visage,
la douceur de la parole et
la disposition joyeuse de l'esprit.

Chandra Swami (né en 1930),
maître spirituel hindou

135
SE TOURMENTER pour bien faire
produit d'aussi mauvais résultats
qu'une mauvaise volonté.
C'est dans le calme des eaux
profondes que se trouve
la possibilité du Vrai Service.

Mirra Alfassa,
dite la Mère (1878-1973),
compagne d'Aurobindo

136
JE NE VEUX PAS PRIER pour être protégé des dangers, mais pour être capable de les affronter.

Rabindranath Tagore (1861-1941), poète et philosophe indien, lauréat du prix Nobel

137
LE GOUROU ne dira rien de plus que ce que je suis en train de dire maintenant. Il ne vous donnera rien que vous ne possédiez déjà. Il est impossible pour quelqu'un d'obtenir ce qu'il ne possède déjà pas. Même s'il l'obtient, cela partira comme c'est venu. Ce qui arrive doit aussi s'en aller. Seul demeure ce qui toujours est. Le gourou ne peut pas vous donner quelque chose de nouveau que vous n'ayez déjà.

Râmana Maharshi (1879-1950), philosophe et mystique hindou

138
RIEN n'est absolument bon ou mauvais. Il n'y a que des différences.

Swâmi Prajnânpad,
appelé Swâmiji (1891-1974),
maître indien contemporain

139
Ô DIEU, Tu m'as poussé en avant. Tous les êtres, tous les hommes sont devenus mes frères bien-aimés. Maintenant Ta joie me pénètre et m'entoure. Je suis comme un enfant qui joue dans une fête.

Toukaram (1598-1650),
poète indien mystique mais illettré

140
L'ÂME SUPRÊME est le savoir, l'objet du savoir et le but du savoir. Elle habite le cœur de chacun.

Bhagavad-Gîtâ

141
RENAÎTRE perpétuellement est la condition de l'immortalité.

Aurobindo Ghose,
dit Sri Aurobindo (1872-1950),
philosophe et mystique

142

UNE FOIS que l'émotion surgit, elle est la Vérité pour l'instant. Pourquoi ? Parce qu'elle est là. Aussi, je ne peux pas la nier… Laissez-la venir. Laissez-la s'exprimer. Soyez avec cette émotion et ensuite soyez cette émotion… Alors vous verrez que très vite elle va disparaître… L'émotion est une illusion, aucun doute, mais cette émotion est réelle bien qu'elle soit une illusion. Elle est la Vérité parce qu'elle est là. Quelle contradiction !

Swâmi Prajnânpad,
appelé Swâmiji (1891-1974),
maître indien contemporain

143
IL EST FACILE d'être amical envers ses amis. Mais se faire un ami de celui qui se considère comme votre ennemi, c'est l'essence de la vraie religion.

Mohandas Karamchand Gandhi,
dit Mahatma Gandhi (1869-1948),
politicien et guide spirituel de l'Inde

144
PLUS LES CIRCONSTANCES seront contre toi, plus ta force intérieure sera éclatante.

Narendranath Datta,
dit Vivekânanda (1863-1902),
philosophe indien disciple de Râmakrishna

145

QUAND VOUS VOUS TROUVEZ dans une situation difficile et délicate, faites tout ce qui est nécessaire de faire dans cette situation. Vous n'avez pas le choix. C'est la situation qui l'exige. Acceptez les circonstances où vous êtes et soyez satisfait.

Swâmi Prajnânpad,
appelé Swâmiji (1891-1974),
maître indien contemporain

146

TEL SOUFFLE, tel mental. Tel mental, tel homme.

Paramahansa Hariharananda
(1908-2002), mystique indien

147

TOUTE MORALITÉ est une convention.

Aurobindo Ghose,
dit Sri Aurobindo (1872-1950),
philosophe et mystique

148

NE DOUTE PAS que même les actions accomplies au jour le jour, et auxquelles tu te consacres pleinement, soient une forme d'adoration du Seigneur.

Chandra Swami (né en 1930),
maître spirituel hindou

149
POUR UN HOMME (désireux de devenir un parfait adulte), il n'y a qu'une seule tâche à effectuer : être indépendant et libre en toute chose.

Swâmi Prajnânpad,
appelé Swâmiji (1891-1974),
maître indien contemporain

150
L'ÂME SUPRÊME, certains la perçoivent à travers la méditation, d'autres en cultivant la connaissance, d'autres encore par l'action non intéressée.

Bhagavad-Gîtâ

151
L'ACTE est toujours juste même si l'action est fausse.

Swâmi Prajnânpad,
appelé Swâmiji (1891-1974),
maître indien contemporain

152
SEIGNEUR, laisse éclore en moi
cette pure fleur d'amour
afin qu'elle parfume tous ceux
qui s'approchent de nous
et que ce parfum les sanctifie.

Mirra Alfassa,
dite la Mère (1878-1973),
compagne d'Aurobindo

153
L'ÉMOTION est un luxe inutile.

Swâmi Prajnânpad,
appelé Swâmiji (1891-1974),
maître indien contemporain

154
PRENEZ UNE IDÉE. Faites que cette idée soit votre vie – pensez, rêvez d'elle, vivez avec cette idée. Laissez votre cerveau, vos muscles, vos nerfs et chaque partie de votre corps se remplir de cette idée ; il suffit de laisser de côté toute autre idée.

Narendranath Datta,
dit Vivekânanda (1863-1902),
philosophe indien disciple de Râmakrishna

155
CHACUN NE VIT dans le monde,
Chacun vit dans son monde.

Swâmi Prajnânpad,
appelé Swâmiji (1891-1974),
maître indien contemporain

156
Il n'est pas bon de gagner son pain par le travail intellectuel. Car c'est le corps qui doit pourvoir aux besoins du corps, car on doit « rendre à César ce qui est à César ».

Mohandas Karamchand Gandhi,
dit Mahatma Gandhi (1869-1948),
politicien et guide spirituel de l'Inde

157
Toutes choses ici-bas sont expression, forme, énergie, action de l'Esprit. La matière elle-même n'est que forme de l'Esprit.

Aurobindo Ghose,
dit Sri Aurobindo (1872-1950),
philosophe et mystique

158

NE RENDS PAS ton présent misérable en t'inquiétant d'un futur heureux.

Chandra Swami (né en 1930),
maître spirituel hindou

159

LA PENSÉE peut venir mais il n'y a pas d'inclinaison à la suivre.

Swâmi Prajnânpad,
appelé Swâmiji (1891-1974),
maître indien contemporain

160

L'ÊTRE LIBÉRÉ n'est pas soumis
à l'attrait des plaisirs matériels
du monde extérieur,
car il connaît l'extase intérieure.
Se vouant à l'Être Suprême,
il goûte une félicité sans bornes.

Bhagavad-Gîtâ

161

LES SIX VERTUS : Paix du cœur, Maîtrise de soi, Arrêt des vains désirs, Patience, Concentration mentale, Confiance.

Upanishad, écrits philosophiques

162

IL Y A ASSEZ dans le monde pour satisfaire aux besoins de l'homme, mais pas assez pour assouvir son avidité.

Mohandas Karamchand Gandhi,
dit Mahatma Gandhi (1869-1948),
politicien et guide spirituel de l'Inde

163

L'HOMME n'a pas de devoir. Il n'a que des droits et des privilèges.

Swâmi Prajnânpad,
appelé Swâmiji (1891-1974),
maître indien contemporain

164
QUAND UNE IDÉE occupe
exclusivement l'esprit,
elle est transformée en un état
réel, physique ou mental.

Narendranath Datta,
dit Vivekânanda (1863-1902),
philosophe indien disciple de Râmakrishna

165
LE BATEAU de ma vie est prêt
à embarquer,
Porteur du souffle de la pureté.
Les pèlerins sont à bord.
Ne les mènera-t-il pas à bon port ?
Seigneur suprême,
Tu es le Guide absolu.
Aussi le Sri de notre aspiration
Atteindra-t-il sûrement
Les rivages dorés de la perfection.

Chinmoy Kumar Ghose,
dit Sri Chinmoy (1931-2007),
gourou indien, peintre, musicien et écrivain

166

CHEZ LA PLANTE ou l'animal, l'âme n'est pas absolument endormie, mais ses moyens d'expression sont moins développés que chez l'homme. Il y a beaucoup de psychique dans la plante et dans l'animal.

Aurobindo Ghose,
dit Sri Aurobindo (1872-1950),
philosophe et mystique

167

ÊTRE UNE MÈRE ne consiste pas à mettre bas.

Swâmi Prajnânpad,
appelé Swâmiji (1891-1974),
maître indien contemporain

168
Où qu'il aille, sous quelque déguisement que ce soit, l'homme ne trouvera aucune paix, quoi qu'il fasse, tant que son esprit sera dispersé et qu'il sera le jouet de ses passions.

Chandra Swami (né en 1930),
maître spirituel hindou

169
Il y a beaucoup de causes pour lesquelles je suis prêt à mourir mais aucune cause pour laquelle je suis prêt à tuer.

Mohandas Karamchand Gandhi,
dit Mahatma Gandhi (1869-1948),
politicien et guide spirituel de l'Inde

170

NON PAS « C'est mon fils »
mais « Je suis son père ».

Swâmi Prajnânpad,
appelé Swâmiji (1891-1974),
maître indien contemporain

171

L'HOMME peut goûter les fruits du renoncement par la simple maîtrise de soi, le détachement des choses de ce monde et le désintérêt à l'égard des plaisirs matériels. Là réside en fait la plus haute perfection du renoncement.

Bhagavad-Gîtâ

172
SI L'ARGENT aide un homme à faire du bien aux autres, il est d'une certaine valeur. Mais sinon, il est tout simplement une source de malheurs, et plus tôt on s'en débarrasse, meilleur c'est.

Narendranath Datta,
dit Vivekânanda (1863-1902),
philosophe indien disciple de Râmakrishna

173
NE CRITIQUEZ PAS le monde, améliorez-le : comment ? En vous améliorant vous-même à chaque instant.

Chinmoy Kumar Ghose,
dit Sri Chinmoy (1931-2007),
gourou indien, peintre, musicien et écrivain

174
L'ESCLAVAGE complet,
c'est la liberté parfaite.

Swâmi Prajnânpad,
appelé Swâmiji (1891-1974),
maître indien contemporain

175
JE CROIS QUE le progrès spirituel exige de nous que nous cessions de tuer les autres êtres vivants pour nos besoins corporels.

Mohandas Karamchand Gandhi,
dit Mahatma Gandhi (1869-1948),
politicien et guide spirituel de l'Inde

176
VOUS PENSEZ que vous voyez
et vous ne voyez pas
que vous pensez.

Swâmi Prajnânpad,
appelé Swâmiji (1891-1974),
maître indien contemporain

177
DANS L'INDE, la philosophie a été le canalisateur intellectuel de la connaissance et de l'expérience spirituelles.

Aurobindo Ghose,
dit Sri Aurobindo (1872-1950),
philosophe et mystique

178
LORSQUE LE POUVOIR de l'amour dépassera l'amour du pouvoir, le monde connaîtra la paix.

Chinmoy Kumar Ghose,
dit Sri Chinmoy (1931-2007),
gourou indien, peintre, musicien et écrivain

179
SOYEZ CE QUE vous paraissez être,
Faites ce que vous paraissez faire.

Swâmi Prajnânpad,
appelé Swâmiji (1891-1974),
maître indien contemporain

180
POURQUOI DIEU a-t-il créé cet univers ? Ne perds pas ton temps à le savoir. Réalise-toi en Dieu et la réponse, dans sa totalité, te sera révélée.

Chandra Swami (né en 1930), maître spirituel hindou

181
LA VÉRITÉ SUPRÊME est au-dedans comme au-dehors, dans le mobile comme dans l'immobile. Elle dépasse le pouvoir de perception de l'entendement lié aux sens matériels. Infiniment lointaine, elle est aussi très proche. Bien qu'elle semble divisée, l'Âme Suprême demeure indivisible : elle est Une.

Bhagavad-Gîtâ

182
TOUTES NOS QUALITÉS divines se trouvent dans notre jardin-cœur. Elles ressemblent à de belles fleurs parfumées.

Chinmoy Kumar Ghose,
dit Sri Chinmoy (1931-2007),
gourou indien, peintre, musicien et écrivain

183
SI VOUS POUVEZ tendre une main secourable, faites-le. Si vous ne pouvez pas, pliez vos mains, bénissez vos frères, et laissez-les suivre leur propre chemin.

Narendranath Datta,
dit Vivekânanda (1863-1902),
philosophe indien disciple de Râmakrishna

184
JE CROIS QUE s'il y a seulement le choix entre la violence et la lâcheté, je conseille la violence.

Mohandas Karamchand Gandhi,
dit Mahatma Gandhi (1869-1948),
politicien et guide spirituel de l'Inde

185
SI LA VIE SPIRITUELLE n'apportait pas le bonheur, qui serait assez fou pour pratiquer la spiritualité ?

Chinmoy Kumar Ghose,
dit Sri Chinmoy (1931-2007),
gourou indien, peintre, musicien et écrivain

186
JE NE VEUX PAS que ma maison soit murée de tous côtés et mes fenêtres fermées. Je veux que toutes les cultures y pénètrent aussi librement que possible. Mais je refuse de me laisser emporter.

Mohandas Karamchand Gandhi,
dit Mahatma Gandhi (1869-1948),
politicien et guide spirituel de l'Inde

187
DANS LA PROVIDENCE invisible des choses, nos plus grandes difficultés sont aussi nos meilleures occasions.

Aurobindo Ghose,
dit Sri Aurobindo (1872-1950),
philosophe et mystique

188
QUI SAURA TROUVER Dieu sans délai ? Celui dont le corps est sain et robuste, dont l'esprit est pur et paisible, dont l'intelligence est claire et déterminée.

Chandra Swami (né en 1930), maître spirituel hindou

189
LA VERTU attache au bonheur, la passion aux fruits de ses actes, et l'ignorance à la folie.

Bhagavad-Gîtâ

190
IL N'Y A PAS DE DON si l'autre ne reçoit pas.

Swâmi Prajnânpad, appelé Swâmiji (1891-1974), maître indien contemporain

191
À CAUSE de votre océan-
convoitise
Vous avez perdu votre véritable
besoin,
Votre unique besoin :
La satisfaction-Dieu.

Chinmoy Kumar Ghose,
dit Sri Chinmoy (1931-2007),
gourou indien, peintre, musicien et écrivain

192
DÉCOUVREZ qui vous êtes,
et tous les autres problèmes
se résoudront d'eux-mêmes.

Râmana Maharshi (1879-1950),
philosophe et mystique hindou

193
L'HOMME est au milieu avec Dieu d'un côté et Satan de l'autre, tous deux prêts à le tirer du côté où il veut aller.

Paramhansa Yogananda (1893-1952), philosophe et mystique indienne

194
L'IGNORANCE et l'incompétence :
Deux amies inséparables.
La sagesse et la compétence :
Deux amies inséparables
Plus
Deux amies-perfection
de l'Éternité.

Chinmoy Kumar Ghose, dit Sri Chinmoy (1931-2007), gourou indien, peintre, musicien et écrivain

195
VOUS NE POUVEZ PAS croire en Dieu tant que vous ne croyez pas en vous.

Narendranath Datta,
dit Vivekânanda (1863-1902),
philosophe indien disciple de Râmakrishna

196
L'HOMME qui observe évolue continûment jusqu'à ne faire qu'un avec le courant des choses.

Jiddu Krishnamurti (1895-1986),
philosophe indien

197
JE SUIS AUSSI un chrétien, un musulman, un bouddhiste et un juif.

Mohandas Karamchand Gandhi,
dit Mahatma Gandhi (1869-1948),
politicien et guide spirituel de l'Inde

198

LE MEILLEUR en l'homme
Est sa flamme-gratitude.
Le pire en l'homme
Est son insurmontable
Montagne-ingratitude.

Chinmoy Kumar Ghose,
dit Sri Chinmoy (1931-2007),
gourou indien, peintre, musicien et écrivain

199

IL Y A UN MENTAL et une vie,
obscurs, même dans les cellules
du corps, les pierres,
les molécules et les atomes.

Aurobindo Ghose,
dit Sri Aurobindo (1872-1950),
philosophe et mystique

200

VOUS AVEZ À GRANDIR de l'intérieur. Personne ne peut vous apprendre, rien ne peut vous rendre spirituel.
Il n'y a aucun autre enseignant que votre propre âme.

Narendranath Datta,
dit Vivekânanda (1863-1902),
philosophe indien disciple de Râmakrishna

201

FAISANT, faisant, un jour c'est fait.

Lahiri Mahasaya (1828-1895),
mystique indien

202

Ô MON PAUVRE CORPS,
Ton marathon
N'était pas une mauvaise erreur,
Mais
Ton absence de joie à courir
Était vraiment une triste erreur.

Chinmoy Kumar Ghose,
dit Sri Chinmoy (1931-2007),
gourou indien, peintre, musicien et écrivain

203
Abandonnant le rituel, indifférent au blâme et à la louange, il marche au hasard sur la route comme fait l'ascète-mendiant. Qu'on l'invite ou qu'on le repousse, cela n'est rien pour lui ; il n'a plus besoin de *mantra*, ni de *yoga*, ni de *bhakti*. L'invisible n'est rien pour lui, ni, non plus, le visible ; plus de « moi » ni de « toi » pour lui : l'univers même a disparu ! Mendiant, ferme en son vœu, il va, désormais sans demeure, dédaignant l'or et les regards des filles, ne cherchant plus à dominer quiconque !

Upanishad, écrits philosophiques

204
SI TU PEUX te contenter
de ce qui est, la paix
ne te quittera jamais.

Chandra Swami (né en 1930),
maître spirituel hindou

205
L'ÊTRE HUMAIN sur la terre,
c'est Dieu qui joue à l'humanité
dans un monde de matière.

Chinmoy Kumar Ghose,
dit Sri Chinmoy (1931-2007),
gourou indien, peintre, musicien et écrivain

206
L'EXPÉRIENCE nous apprend que toute nourriture carnée est déconseillée pour ceux qui veulent maîtriser leurs passions. C'est pourquoi j'ai toujours été en faveur d'un régime purement végétarien. Le végétarisme est l'un des dons inestimables de l'hindouisme.

Mohandas Karamchand Gandhi,
dit Mahatma Gandhi (1869-1948),
politicien et guide spirituel de l'Inde

207
L'ILLUSION est la première apparence de la vérité.

Rabindranath Tagore (1861-1941),
poète et philosophe indien,
lauréat du prix Nobel

208

J'ai trouvé un moyen secret
Pour atteindre
La Hauteur de Dieu :
Toucher les pieds les plus sales
Du plus bas des hommes.

Chinmoy Kumar Ghose,
dit Sri Chinmoy (1931-2007),
gourou indien, peintre, musicien et écrivain

209

Toutes sortes d'inégalités sont inévitables. Mais cela ne doit pas nous faire oublier l'égalité essentielle entre tous les hommes. Car chaque homme a un droit égal à la satisfaction de ses besoins vitaux, comme les oiseaux et les bêtes sauvages.

Mohandas Karamchand Gandhi,
dit Mahatma Gandhi (1869-1948),
politicien et guide spirituel de l'Inde

210

L'UNIVERS est une diffusion du divin.

Aurobindo Ghose,
dit Sri Aurobindo (1872-1950),
philosophe et mystique

211

LA VIE EST BELLE,
C'est pourquoi je vis.
La prière est belle,
C'est pourquoi je prie.
La création est belle,
C'est pourquoi j'aime.

Chinmoy Kumar Ghose,
dit Sri Chinmoy (1931-2007),
gourou indien, peintre, musicien et écrivain

212
Il est né du contact des sens avec leurs objets, le bonheur, lui qui d'abord est pareil au nectar, mais à la fin prend le goût du poison.

Bhagavad-Gîtâ

213
L'homme qui est fier de sa vertu devient souvent un fléau pour ses voisins.

Mohandas Karamchand Gandhi,
dit Mahatma Gandhi (1869-1948),
politicien et guide spirituel de l'Inde

214
UNE PERSONNE convenablement chaussée ne risque rien même à marcher sur des cailloux et des épines : tout lui convient. De même, quiconque trouve toujours sa satisfaction en lui-même ne souffre d'aucune peine ; il est heureux partout.

Srimad Bhagavatam, livre sacré

215
UNE NUIT sans rêves
Garantit un jour non prometteur.
Une nuit sans sommeil
Garantit un jour exaspérant.

Chinmoy Kumar Ghose,
dit Sri Chinmoy (1931-2007),
gourou indien, peintre, musicien et écrivain

216
UN GRAMME de pratique vaut bien mieux que des tonnes de théorie.

Paramahansa Hariharananda (1908-2002), mystique indien

217
SOIS PRÊT à mourir à chaque instant. Alors tu goûteras pleinement la vie.

Chandra Swami (né en 1930), maître spirituel hindou

218
LE PARFAIT YOGI voit, à travers sa propre expérience, l'égalité de tous les êtres, heureux ou malheureux.

Bhagavad-Gîtâ

219
L'UTILISATION de l'anglais, une langue étrangère, pour l'instruction de nos enfants, fait d'eux des étrangers dans leur propre pays.

Mohandas Karamchand Gandhi, dit Mahatma Gandhi (1869-1948), politicien et guide spirituel de l'Inde

220
J'AI PERDU ma graine-patience.
J'ai perdu mon cœur-fleur.
J'ai perdu mon âme-satisfaction.
Et tout cela à cause
De ma déplorable et stupide jalousie.

Chinmoy Kumar Ghose,
dit Sri Chinmoy (1931-2007),
gourou indien, peintre, musicien et écrivain

221
UNE GRAINE ne germera pas si l'on passe son temps à la déterrer pour l'observer.

Nirmalâ Sundari Devî,
dite Ma Ananda Mayî (1896-1982),
philosophe et mystique indienne

222

LES LETTRES sont écrites avec des mots et ces mots sont porteurs de sens. Mais quand le lecteur voit les mots, il leur donne le sens qu'il porte déjà en lui. Et il passe ainsi à côté du sens ou des idées exprimées au travers de ces mots par celui qui les a écrits.

Swâmi Prajnânpad,
appelé Swâmiji (1891-1974),
maître indien contemporain

223

LA DÉMOCRATIE devrait assurer au plus faible les mêmes opportunités qu'au plus fort.

Mohandas Karamchand Gandhi,
dit Mahatma Gandhi (1869-1948),
politicien et guide spirituel de l'Inde

224

DANS LA NATURE humaine,
Il est quelque chose
Que tout le monde connaît bien :
La morsure-attachement.
Dans la nature humaine,
Il est également quelque chose
Que pratiquement personne
ne connaît :
Le cerf-volant-liberté.

Chinmoy Kumar Ghose,
dit Sri Chinmoy (1931-2007),
gourou indien, peintre, musicien et écrivain

225
SOUHAITES-TU connaître une mort paisible et calme ? Alors commence par cultiver sans relâche, dès cet instant présent, l'état d'esprit même avec lequel tu souhaites rendre ton dernier souffle.

Chandra Swami (né en 1930), maître spirituel hindou

226
VOUS UTILISEZ les termes « ordinaire », « extraordinaire » ; à mes yeux il n'y a pas de différence ; c'est comme un clignement des yeux.

Nirmalâ Sundari Devî, dite Mâ Ananda Mayî (1896-1982), philosophe et mystique indienne

227

LE YOGA consiste à se détacher
de toute activité des sens.
C'est en fermant les portes
des sens, en gardant le mental
fixé sur le cœur et en
maintenant l'air vital au sommet
de la tête que l'on s'y établit.

Bhagavad-Gîtâ

228

LA LIBÉRATION,
c'est la possession de soi-même.

Aurobindo Ghose,
dit Sri Aurobindo (1872-1950),
philosophe et mystique

229
LA LIBERTÉ, c'est la possibilité de suivre la loi de notre être, de croître jusqu'à notre accomplissement naturel, de trouver naturellement et sans entrave notre harmonie avec notre milieu.

Chinmoy Kumar Ghose, dit Sri Chinmoy (1931-2007), gourou indien, peintre, musicien et écrivain

230
LA DÉSOBÉISSANCE civile est un droit inaliénable du citoyen. Il ne saurait y renoncer sans être atteint dans sa dignité d'homme.

Mohandas Karamchand Gandhi, dit Mahatma Gandhi (1869-1948), politicien et guide spirituel de l'Inde

231

VOUS NE RESSENTEZ PAS comme un lourd fardeau de porter votre tête, vos mains et vos pieds, vos doigts, vos membres, parce que vous les considérez comme parties intrinsèques de votre propre corps ; de même, je sens que toutes ces personnes sont des membres organiques de ce corps ici. Elles ne me pèsent donc pas, pas plus que leurs soucis. Leurs joies et leurs peines, leurs problèmes et leurs solutions sont une partie vitale de moi-même.

Nirmalâ Sundari Devî,
dite Mâ Ananda Mayî (1896-1982),
philosophe et mystique indienne

232
TOUT EST NEUTRE, tout est absolu, chaque chose est comme elle est. C'est vous qui la faites apparaître bonne ou mauvaise, agréable ou pénible.

Swâmi Prajnânpad,
appelé Swâmiji (1891-1974),
maître indien contemporain

233
TOUTE ACTION naissant du silence profond de l'âme, libre de l'anticipation du futur et de la mémoire du passé, est sans aucun doute possible, transcendante et inspirée par Dieu.

Chandra Swami (né en 1930),
maître spirituel hindou

234
NE PERDEZ JAMAIS de vue que tout appartient à Dieu et rien à vous.

Lahiri Mahasaya (1828-1895),
mystique indien

235
LA DÉSOBÉISSANCE civile ne mène jamais à l'anarchie. Réprimer celle-ci, c'est vouloir emprisonner la conscience.

Mohandas Karamchand Gandhi,
dit Mahatma Gandhi (1869-1948),
politicien et guide spirituel de l'Inde

236
LE YOGI doit se défaire sans réserve de tous les désirs matériels engendrés par le faux ego, et ainsi, par le mental, maîtriser la totalité des sens.

Bhagavad-Gîtâ

237
LA MEILLEURE religion est celle qui reconnaît la vérité de toutes les religions.

Aurobindo Ghose,
dit Sri Aurobindo (1872-1950),
philosophe et mystique

238
CHACUN est Krishna ou le Christ en puissance.

Paramhansa Yogananda (1893-1952), philosophe et mystique indienne

239
QUAND LE DÉSIR de prendre disparaît, les joyaux apparaissent.

Yogasûtra de Patañjali (environ IIIe-Ve siècle)

240
SI VOUS PLONGEZ profondément dans votre cœur, vous Le verrez. Vous n'y parviendrez pas si vous restez à l'extérieur.

Lahiri Mahasaya (1828-1895), mystique indien

241
LA FIBRE la plus coriace doit s'amollir dans le feu de l'amour. Si elle ne fond pas, c'est que le feu n'est pas assez fort.

Mohandas Karamchand Gandhi, dit Mahatma Gandhi (1869-1948), politicien et guide spirituel de l'Inde

242
TOUTE LA NATURE lutte pour se libérer de la vanité du temps. Et toi, resterais-tu à dormir ?

Chandra Swami (né en 1930), maître spirituel hindou

243
« JE SUIS CELUI qui agit. »
Répudiez ce genre d'idées et laissez simplement le corps et les sens jouer leur rôle, en évitant de vous en mêler.

Râmana Maharshi (1879-1950),
philosophe et mystique hindou

244
SOYEZ VRAI envers vous-même, soyez vrai intellectuellement, émotionnellement, et dans l'action ! C'est cela être l'Absolu, maintenant et ici.

Swâmi Prajnânpad,
appelé Swâmiji (1891-1974),
maître indien contemporain

245
LA NEUTRALITÉ en face
des contacts imparfaits du plaisir
et des contacts pervers
de la douleur est le premier
résultat direct et naturel
de la discipline de l'âme.

Aurobindo Ghose,
dit Sri Aurobindo (1872-1950),
philosophe et mystique

246
LIBÈRE-TOI de la dualité,
abandonne tout désir
de possession et de paix
matérielle ; sois fermement uni
au Suprême.

Bhagavad-Gîtâ

247
DANS LE SOMMEIL profond, vous existez. Au réveil, vous existez toujours. C'est le même Soi, dans les deux états. La seule différence c'est qu'il y a, dans un cas, inconscience du monde extérieur et dans l'autre, conscience de ce monde.

Râmana Maharshi (1879-1950), philosophe et mystique hindou

248
LA TÊTE TRAVAILLE en harmonie avec les membres. Bien sûr, la tête doit prendre des décisions mais auparavant elle doit consulter les autres parties et alors seulement prendre une décision finale.

Swâmi Prajnânpad, appelé Swâmiji (1891-1974), maître indien contemporain

249
LA PRIÈRE doit venir,
non des lèvres, mais du cœur.
C'est pourquoi elle est accessible
à tous, même aux muets et
aux bègues, aux ignorants et
aux idiots.

Mohandas Karamchand Gandhi,
dit Mahatma Gandhi (1869-1948),
politicien et guide spirituel de l'Inde

250
J'AI RÉCOLTÉ
Une pleine moisson de paix
Le jour où j'ai compris
Que ni la grande faim
de la terre
Ni le délicieux festin du Ciel
Ne désirent ma présence ardente.

Chinmoy Kumar Ghose,
dit Sri Chinmoy (1931-2007),
gourou indien, peintre, musicien et écrivain

251
L'ACTION PARFAITE pour vous est
celle qui contribuera à votre
bonheur du moment,
dans le lieu et les circonstances
où vous vous trouvez.

Swâmi Prajnânpad,
appelé Swâmiji (1891-1974),
maître indien contemporain

252
LA MORT nous paraît noire
De même que le ciel nous paraît
bleu.
Mais elle ne noircit pas plus
l'existence
Que l'azur céleste ne tache
les ailes de l'oiseau.

Rabindranath Tagore (1861-1941),
poète et philosophe indien,
lauréat du prix Nobel

253
La production d'armes doit être limitée, tout comme celle de l'opium. Car les armes sont probablement responsables de plus de malheur que l'opium dans le monde.

Mohandas Karamchand Gandhi, dit Mahatma Gandhi (1869-1948), politicien et guide spirituel de l'Inde

254
La connaissance sans la pratique est supérieure à la pratique sans la connaissance. La pratique jointe à la connaissance est supérieure à la connaissance sans la pratique, et l'action sans désir est encore supérieure à la connaissance jointe à la pratique.

Râmana Maharshi (1879-1950), philosophe et mystique hindou

255

Le développement de l'être sur terre doit aussi déterminer la direction qu'il prend après la mort.

Aurobindo Ghose,
dit Sri Aurobindo (1872-1950),
philosophe et mystique

256

Souvenez-vous toujours de ceci : personne ne fait jamais le mal, en aucune condition, en aucune circonstance.

Swâmi Prajnânpad,
appelé Swâmiji (1891-1974),
maître indien contemporain

257

TU MÉPRISES le monde
en invoquant le renoncement.
C'est une erreur. N'oublie pas
que la haine asservit tout autant
que l'amour et l'attachement.

Chandra Swami (né en 1930),
maître spirituel hindou

258

LA RETENUE dans le domaine
de la nourriture, en quantité
comme en qualité, apparaît
comme aussi importante que
la retenue dans le domaine
de la pensée et de la parole.

Mohandas Karamchand Gandhi,
dit Mahatma Gandhi (1869-1948),
politicien et guide spirituel de l'Inde

259

D'ABORD ACCEPTEZ-VOUS vous-même. Quand vous ne vous acceptez pas et que vous vous imaginez être quelqu'un d'autre, un conflit surgit entre ce que vous croyez être et ce que vous êtes vraiment.

Swâmi Prajnânpad,
appelé Swâmiji (1891-1974),
maître indien contemporain

260

LES HYMNES du *Veda* chantent l'unique Dieu qui a beaucoup de noms et de pouvoirs ; ils célèbrent la loi divine et l'aspiration qu'a l'homme de l'accomplir ; ils veulent nous donner la loi du cosmos.

Aurobindo Ghose,
dit Sri Aurobindo (1872-1950),
philosophe et mystique

261
UN LIEN VITAL unit la vie intérieure de l'Être et la vie sociale. Si ta conduite dans le monde n'est pas cohérente et juste, l'émergence de la vie intérieure de l'Être est impossible.

Chandra Swami (né en 1930), maître spirituel hindou

262
LE JARDIN de ce monde ne fleurit que pour un temps.

Mohandas Karamchand Gandhi, dit Mahatma Gandhi (1869-1948), politicien et guide spirituel de l'Inde

263

VOS PENSÉES sont des citations,
vos émotions sont
des imitations, vos actions sont
des caricatures.

Swâmi Prajnânpad,
appelé Swâmiji (1891-1974),
maître indien contemporain

264

MAÎTRE DU MENTAL, le yogi
demeure ferme dans
sa méditation sur l'Être
Suprême, telle une flamme qui,
à l'abri du vent, point ne vacille.

Bhagavad-Gîtâ

265

LES SAGES n'ont jamais voulu limiter les avenues de l'homme vers Dieu.

Aurobindo Ghose,
dit Sri Aurobindo (1872-1950),
philosophe et mystique

266

LES DISTINCTIONS de classes seraient abolies si chacun de nous acceptait l'obligation de travailler pour gagner son pain.

Mohandas Karamchand Gandhi,
dit Mahatma Gandhi (1869-1948),
politicien et guide spirituel de l'Inde

267

QUAND VOUS ÊTES déprimé,
expérimentez la dépression et
laissez-la se dissoudre.
Non, elle ne durera pas.
Elle est venue et elle s'en ira.
Ce qui vient toujours s'en va.

Swâmi Prajnânpad,
appelé Swâmiji (1891-1974),
maître indien contemporain

268

MON MENTAL a peur
De ressentir quoi que ce soit.
Mon cœur a peur
De discuter de quoi que ce soit.
Mon âme a peur
De manifester quoi que ce soit.
Et j'ai peur
D'aimer quoi que ce soit.

Chinmoy Kumar Ghose,
dit Sri Chinmoy (1931-2007),
gourou indien, peintre, musicien et écrivain

269
UN SAVOIR qui ne calme pas l'esprit, un savoir qui ne rend pas la vie paisible est un savoir mort. Il est comme un arbre sec.

Chandra Swami (né en 1930), maître spirituel hindou

270
CELUI QUI MAINTIENT l'autre en esclavage est lui-même esclave.

Swâmi Prajnânpad, appelé Swâmiji (1891-1974), maître indien contemporain

271
LES MOYENS de production de première nécessité devraient être disponibles à tous autant que l'air et l'eau de Dieu le sont, ou devraient l'être.

Mohandas Karamchand Gandhi, dit Mahatma Gandhi (1869-1948), politicien et guide spirituel de l'Inde

272
TOUT CE QUI VIENT à vous vient comme un défi et comme une opportunité.

Swâmi Prajnânpad, appelé Swâmiji (1891-1974), maître indien contemporain

273
MÊME en la pierre le divin
est tapi.

Aurobindo Ghose,
dit Sri Aurobindo (1872-1950),
philosophe et mystique

274
LES PLUS GRANDS hommes ont
toujours été seuls. Les grands
prophètes, tels Zoroastre,
Bouddha, Jésus, Mohammed,
ont toujours été seuls.
Mais grâce en leur foi
en eux-mêmes et en leur Dieu,
grâce en leur certitude d'avoir
leur Dieu à leurs côtés,
ils ne se sont jamais sentis seuls.

Mohandas Karamchand Gandhi,
dit Mahatma Gandhi (1869-1948),
politicien et guide spirituel de l'Inde

275
VIVRE SES DÉSIRS de manière incontrôlée n'est pas émancipation, tout comme consentir librement à une discipline n'est pas esclavage.

Chandra Swami (né en 1930), maître spirituel hindou

276
QUE LE SAGE ne trouble pas les ignorants attachés aux fruits de leurs actes. Ils ne doivent pas être encouragés à l'inaction, mais plutôt à imprégner chacun de leurs actes d'amour et de dévotion.

Bhagavad-Gîtâ

277
AVANT TOUTE ACTION vérifiez celui qui agit.

Swâmi Prajnânpad,
appelé Swâmiji (1891-1974),
maître indien contemporain

278
HIER,
Vous vous êtes fait échouer
Parce que
Vous n'avez pas essayé.
Aujourd'hui,
Vous vous faites échouer
Parce que
Vous ne pleurez pas.
Demain
Vous vous ferez échouer
Parce que
Vous ne vivrez pas.

Chinmoy Kumar Ghose,
dit Sri Chinmoy (1931-2007),
gourou indien, peintre, musicien et écrivain

279
VOUS PLANTEZ une graine
et il en pousse un grand arbre,
avec toutes ses branches,
ses ramifications, ses feuilles et
d'innombrables nouvelles
graines. Une multitude infinie
d'arbres sont latents dans chaque
graine. Pouvez-vous percevoir
cela ? C'est sans commencement
et sans fin.

Nirmalâ Sundari Devî,
dite Mâ Ananda Mayî (1896-1982),
philosophe et mystique indienne

280
L'INDIVIDU est un centre
de la Conscience universelle
tout entière.

Aurobindo Ghose,
dit Sri Aurobindo (1872-1950),
philosophe et mystique

281
CONTEMPLER la lumière intérieure sans cligner des yeux constitue ce que l'on nomme le Geste de Shiva. Il sanctifie l'endroit où il se tient, il délivre l'univers de toute souillure, l'adepte qui est parvenu à ce stade de réalisation !

Upanishad, écrits philosophiques

282
SOYEZ FORT mais pas dur, ferme mais pas sévère.

Swâmi Prajnânpad,
appelé Swâmiji (1891-1974),
maître indien contemporain

283

NE VOUS INQUIÉTEZ PAS
de ce que la méthode
de non-violence semble
un processus extrêmement lent.
C'est, en fait, la plus rapide,
car c'est la plus sûre.

Mohandas Karamchand Gandhi,
dit Mahatma Gandhi (1869-1948),
politicien et guide spirituel de l'Inde

284

LES LARMES de ma Mère Terre
Rendent ma vie pure.
Les sourires de mon Père Ciel
Rendent mon cœur sûr.

Chinmoy Kumar Ghose,
dit Sri Chinmoy (1931-2007),
gourou indien, peintre, musicien et écrivain

285
NOTRE SCIENCE abstraite et froide découpe en formules tout l'ensemble vivant.

Aurobindo Ghose,
dit Sri Aurobindo (1872-1950),
philosophe et mystique

286
LA BEAUTÉ NÉE de la vie
Approfondit mon amour.
La beauté née de la mort
Approfondit ma sagesse.

Chinmoy Kumar Ghose,
dit Sri Chinmoy (1931-2007),
gourou indien, peintre, musicien et écrivain

287

Voyez : là, Dieu vous attend ; mais hélas vous êtes ici perdus dans vos jouets !

Chandra Swami (né en 1930), maître spirituel hindou

288

Œil pour œil est une loi qui finira par rendre le monde aveugle.

Mohandas Karamchand Gandhi, dit Mahatma Gandhi (1869-1948), politicien et guide spirituel de l'Inde

289

NOUS NE POUVONS PAS en user correctement avec les autres tant qu'ils sont pour nous les autres.

Aurobindo Ghose,
dit Sri Aurobindo (1872-1950),
philosophe et mystique

290

QUI MEURT sous la vertu gagne
les planètes supérieures,
les planètes pures où vivent
les grands sages. Qui meurt sous
la passion renaît parmi
les hommes qui se vouent
à l'action intéressée. Et qui
meurt sous l'ignorance renaît
dans le monde des bêtes.

Bhagavad-Gîtâ

291
S'APPROCHER de Dieu
par l'amour, c'est se préparer
à l'accomplissement spirituel
le plus grand qui soit.

Aurobindo Ghose,
dit Sri Aurobindo (1872-1950),
philosophe et mystique

292
VOUS N'AIMEZ PAS souffrir
vous-même. Comment
pouvez-vous donc infliger
des souffrances à autrui ?
Contentez-vous de chasser
les moustiques puisque
leurs piqûres vous font mal.

Râmana Maharshi (1879-1950),
philosophe et mystique hindou

293
SI QUELQU'UN est installé dans la non-violence, autour de lui l'hostilité disparaît.

Yogasûtra de Patañjali
(environ IIIe-Ve siècle)

294
AVANT DE CONNAÎTRE DIEU, connaissez votre propre Soi. Regardez à l'intérieur de votre Soi. La réalisation du Soi est la réalisation de Dieu.

Lahiri Mahasaya (1828-1895),
mystique indien

295

On ne doit pas manger
pour satisfaire le palais,
mais simplement pour maintenir
le corps en ordre de marche.

Mohandas Karamchand Gandhi,
dit Mahatma Gandhi (1869-1948),
politicien et guide spirituel de l'Inde

296

L'Ego ne vous fait voir que
vous et personne d'autre.
Mais il disparaît dès que vous
voyez que, tout autant que vous,
il y a aussi les autres.

Swâmi Prajnânpad,
appelé Swâmiji (1891-1974),
maître indien contemporain

297
POUR L'HOMME, toute sa nature consiste à devenir plus que lui-même.

Chinmoy Kumar Ghose,
dit Sri Chinmoy (1931-2007),
gourou indien, peintre, musicien et écrivain

298
ON PEUT JUGER de la grandeur d'une nation par la façon dont les animaux y sont traités.

Mohandas Karamchand Gandhi,
dit Mahatma Gandhi (1869-1948),
politicien et guide spirituel de l'Inde

299

PIERRES ET MORCEAUX de bois, quadrupèdes et humains sont tous égaux en Dieu. Ils sont nos frères dans le divin, des formes que l'Omniscient n'a pas dédaigné d'assumer.

Aurobindo Ghose,
dit Sri Aurobindo (1872-1950),
philosophe et mystique

300

IL N'Y A PAS D'AUTRE solution que d'accepter. Ne refusez rien d'aucune façon. La frustration et la dépression apparaissent simplement parce qu'il y a refus et rejet.

Swâmi Prajnânpad,
appelé Swâmiji (1891-1974),
maître indien contemporain

301
JE NE MÉRITE PAS
Le pardon inconditionnel
de Dieu.
Je ne mérite pas non plus
La persécution régulière
de l'homme.

Chinmoy Kumar Ghose,
dit Sri Chinmoy (1931-2007),
gourou indien, peintre, musicien et écrivain

302
PUNIR, même le meurtrier, le voleur ou le brigand, va contre mes convictions.

Mohandas Karamchand Gandhi,
dit Mahatma Gandhi (1869-1948),
politicien et guide spirituel de l'Inde

303

TOUT HOMME devrait agir sans croire qu'il est lui-même l'auteur de ses actes. Ses activités se dérouleront toujours, qu'il soit ou non pourvu d'ego. Tout homme est venu au monde, s'est manifesté, pour remplir une tâche particulière. Cette tâche sera accomplie, que l'homme se considère ou non comme étant l'auteur de ses actes.

Râmana Maharshi (1879-1950), philosophe et mystique hindou

304

VOTRE PROPRE MOI est votre seule et meilleure divinité.

Swâmi Prajnânpad, appelé Swâmiji (1891-1974), maître indien contemporain

305
ÉDUQUER, c'est tirer ce qu'il y a de meilleur chez l'enfant et chez l'adulte, au point de vue physique, mental et spirituel. L'instruction, elle, n'est ni la fin, ni même le début de l'éducation : elle n'est qu'un des moyens par lesquels l'homme et la femme peuvent être éduqués.

Mohandas Karamchand Gandhi,
dit Mahatma Gandhi (1869-1948),
politicien et guide spirituel de l'Inde

306
LES MORTS, en vérité, sont heureux. Ils se sont débarrassés de leur encombrante carapace : leur corps. Les morts ne pleurent pas, ce sont les survivants qui pleurent les morts.

Râmana Maharshi (1879-1950),
philosophe et mystique hindou

307
UN FEU À L'ABRI du vent dresse
sa flamme immobile,
c'est l'image consacrée du yogi
qui, l'esprit maîtrisé, parvient
à se consacrer en soi.

Bhagavad-Gîtâ

308
JUGER, c'est comparer ;
mais toute chose étant distincte
et particulière, il n'y a jamais
rien à comparer.

*Swâmi Prajnânpad,
appelé Swâmiji (1891-1974),
maître indien contemporain*

309
LE VÉRITABLE Amour est un absolu don de soi à la volonté divine.

Nirmalâ Sundari Devî,
dite Mâ Ananda Mayî (1896-1982),
philosophe et mystique indienne

310
IL N'Y A PAS BESOIN de faire des efforts pour réaliser le Soi, puisque celui-ci est toujours présent ; il suffit de faire disparaître l'illusion.

Râmana Maharshi (1879-1950),
philosophe et mystique hindou

311

QUAND JE DÉSESPÈRE, je me
souviens que dans l'Histoire
la voix de la Vérité et de l'Amour
finit toujours par triompher,
que même si, pendant un temps,
les tyrans et assassins semblent
invincibles, à la fin ils tombent.
Pensez toujours à cela.

Mohandas Karamchand Gandhi,
dit Mahatma Gandhi (1869-1948),
politicien et guide spirituel de l'Inde

312

VOUS ÊTES RESPONSABLE
de votre bonheur. Vous seul et
personne d'autre.

Swâmi Prajnânpad,
appelé Swâmiji (1891-1974),
maître indien contemporain

313
S'IL EST VRAI que le Moi seul existe, il doit être également vrai que tout est le Moi.

Aurobindo Ghose,
dit Sri Aurobindo (1872-1950),
philosophe et mystique

314
CELUI QUI PERÇOIT que le corps est la seule cause par laquelle on déchoit, on doute, on verse dans l'erreur, s'en détache à jamais, s'éveille et s'établit fermement en lui-même ! Apaisé, immobile, il dit : « Je suis Unité, Joie, Conscience ! »

Upanishad, écrits philosophiques

315

QUAND ON VEUT trouver
la Vérité en tant que Dieu,
le seul et inéluctable moyen
est l'amour, c'est-à-dire
la non-violence, et puisque
je crois qu'en définitive
les moyens et la fin sont
des termes convertibles,
je n'hésiterai pas à dire que Dieu
est amour.

Mohandas Karamchand Gandhi,
dit Mahatma Gandhi (1869-1948),
politicien et guide spirituel de l'Inde

316
DIEU n'est pas découragé
Bien que
Vous soyez un fou impensable.
Dieu n'est pas découragé
Bien que
Vous soyez un fourbe
inconcevable.
Dieu n'est pas découragé
Bien que
Vous soyez un échec incroyable.

Chinmoy Kumar Ghose,
dit Sri Chinmoy (1931-2007),
gourou indien, peintre, musicien et écrivain

317
SOIS COMME la fleur, épanouis-toi librement ; et laisse les abeilles dévaliser ton cœur !

Râmakrishna (1834-1886),
mystique hindou

318
VOUS SAVEZ ce qu'est
la libération ? Le relâchement
de toutes les tensions physiques,
émotionnelles et mentales.

Swâmi Prajnânpad,
appelé Swâmiji (1891-1974),
maître indien contemporain

319
CE DONT vous avez besoin est
d'une autre lune
  Pour vous révéler.
Ce dont vous avez besoin est
d'un autre soleil
  Pour vous combler.

Chinmoy Kumar Ghose,
dit Sri Chinmoy (1931-2007),
gourou indien, peintre, musicien et écrivain

320
LE LANGAGE muet de cœur à cœur vaut tous les langages. Toute conversation doit finir dans le silence seulement.

Râmana Maharshi (1879-1950),
philosophe et mystique hindou

321
RIEN N'EST JAMAIS fait sur cette terre sans action directe. C'est dans ce sens que je rejette l'expression « résistance passive » pour désigner la non-violence, car cette expression évoque plutôt une arme de faible.

Mohandas Karamchand Gandhi,
dit Mahatma Gandhi (1869-1948),
politicien et guide spirituel de l'Inde

322
UNIVERSELLE GÉNITRICE, mère
des plantes, immuable et vaste
Terre que maintient la Loi,
pacifique, hospitalière :
puissions-nous marcher le long
d'elle toujours !

Veda

323
PRIER n'est pas demander ;
c'est une aspiration de l'âme.

Mohandas Karamchand Gandhi,
dit Mahatma Gandhi (1869-1948),
politicien et guide spirituel de l'Inde

324
SEIGNEUR ! verse ces paroles si pures et si apaisantes qui coulent de Tes lèvres comme d'une source ; verse ces paroles si agréables à l'oreille ! Mon cœur est ravagé par les souffrances du monde, comme la forêt par les flammes de l'incendie ; calme ce cœur tourmenté !

Sri Chamkaracarya (788-820), prédicateur brahmaniste

325
SANS DOUTE est-il difficile d'harmoniser la vie divine avec la vie humaine, difficile d'être en Dieu et pourtant de vivre en homme, mais justement, nous sommes ici-bas pour résoudre la difficulté, non pour la fuir.

Aurobindo Ghose, dit Sri Aurobindo (1872-1950), philosophe et mystique

326
IL Y A SUR TERRE quelques êtres
souverainement bons, sereins
et magnanimes qui, aussi
naturellement que le printemps,
exercent autour d'eux
une bienfaisante influence.
Ils ont traversé l'océan
des naissances et des morts,
Et, par pure générosité,
ils aident leurs semblables
à le franchir, à leur tour.

Sri Chamkaracarya (788-820),
prédicateur brahmaniste

327
SI CHACUN FAISAIT pousser
de quoi manger sans plus,
il y aurait assez à manger,
et assez de loisir pour tous.

Mohandas Karamchand Gandhi,
dit Mahatma Gandhi (1869-1948),
politicien et guide spirituel de l'Inde

328
C'EST UN MENSONGE de dire
« Je dois mais je ne peux pas ».

Swâmi Prajnânpad,
appelé Swâmiji (1891-1974),
maître indien contemporain

329
UN PETIT PROBLÈME :
Je ne pense pas à Dieu.
Un gros problème :
Dieu ne pense pas à moi.
Une petite peur :
Je n'aime pas Dieu.
Une grande peur :
Dieu ne m'aime pas.

Chinmoy Kumar Ghose,
dit Sri Chinmoy (1931-2007),
gourou indien, peintre, musicien et écrivain

330
LA CONNAISSANCE doit être dite seulement par celui qui sait, à celui qui s'est présenté comme il convient et qui est habilité à entendre.

Sri Chamkaracarya (788-820), prédicateur brahmaniste

331
UN ÉTUDIANT qui change d'école fréquemment ne peut pas recevoir un bon enseignement. C'est aussi vrai sur la voie spirituelle : ne changez pas fréquemment de pratique ou vous allez vous égarer.

Paramhansa Yogananda (1893-1952), philosophe et mystique indienne

332
SI CHACUN pense à ses devoirs plutôt qu'à ses droits, tout peut s'arranger aisément.

Mohandas Karamchand Gandhi, dit Mahatma Gandhi (1869-1948), politicien et guide spirituel de l'Inde

333
ON NE DOIT DÉSIRER que Dieu seul. Quoi que vous fassiez de vos mains ou de votre cerveau, faites-le à Son service. Quoi que vous acceptiez, physiquement ou mentalement, acceptez-le comme venant de Dieu sous cette forme. Si quelque chose doit être donné, que ce soit l'abandon de vous-même à Ses pieds.

Nirmalâ Sundari Devî, dite Mâ Ananda Mayî (1896-1982), philosophe et mystique indienne

334

OUI… SEULEMENT, simplement « oui », toujours « oui ». Un tel dit ceci et le dit même avec colère… oui c'est qu'il ne pouvait pas parler autrement…
Tel autre a fait cela qui peut sembler abominable… oui… car il ne pouvait faire autrement…
Ce « oui », ce simple « oui », dit calmement et comme une compréhension profonde emplie de patience et de compassion, est bien le plus haut des accomplissements, car il n'est plus rien qui vous soit étranger dont vous soyez séparé.
Tout ne fait plus qu'un.
Et cela,
Tout cela,
Ce n'est que vous.

Swâmi Prajnânpad,
appelé Swâmiji (1891-1974),
maître indien contemporain

335
TOUT CE QUI EST, est un,
et être pleinement, c'est être tout ce qui est.

Aurobindo Ghose,
dit Sri Aurobindo (1872-1950),
philosophe et mystique

336
MÉDITEZ SUR DIEU sans cesse, quoi que vous fassiez, où que vous soyez. Rappelez-vous que tout ce que vous voyez, tout ce que vous entendez est une manifestation de Lui.

Nirmalâ Sundari Devî,
dite Mâ Ananda Mayî (1896-1982),
philosophe et mystique indienne

337

LA MÉDITATION consiste à être conscient de chaque pensée, de chaque sentiment ; à ne jamais les juger en bien ou en mal, mais à les observer et à se mouvoir avec eux. De cette lucidité naît le silence.

Jiddu Krishnamurti (1895-1986), philosophe indien

338

SI CHAQUE FUMEUR abandonnait
cette mauvaise habitude,
s'il refusait de transformer
sa bouche en cheminée,
il pourrait faire don
des économies qui découleraient
à une cause nationale. Il en
tirerait autant de bénéfices pour
lui-même que pour la nation.

Mohandas Karamchand Gandhi,
dit Mahatma Gandhi (1869-1948),
politicien et guide spirituel de l'Inde

339
LE BONHEUR terrestre a sa contrepartie, le chagrin. Mais là où le bonheur est dans sa forme essentielle, inconditionnée, les contraires – joie et chagrin – n'ont pas de place.

Nirmalâ Sundari Devî,
dite Mâ Ananda Mayî (1896-1982),
philosophe et mystique indienne

340
DIEU EST AMOUR. Le plan de la création repose sur l'amour.

Paramhansa Yogananda (1893-1952),
philosophe et mystique indienne

341

EN GÉNÉRAL nous avons
des possessions parce qu'en
dehors d'elles nous n'avons rien :
nous sommes des coques vides,
nous ne possédons pas.
Nous remplissons nos vies
de meubles, de musique,
de connaissances, de ceci ou
cela. Et cette coque fait
beaucoup de bruit, et ce bruit
nous l'appelons vivre, et avec
cela nous sommes satisfaits.

Jiddu Krishnamurti (1895-1986),
philosophe indien

342
VOUS VOYEZ un bouton de fleur
et ne voyez que lui, et pourtant
ce petit bouton contient déjà
la fleur épanouie, le fruit,
la semence et la plante tout
entière. La manifestation est
universelle et sans limites,
mais la vision que vous en avez
est partielle et dépend,
d'un certain point de vue,
de ce qui apparaît à vos yeux
à un moment donné.

Nirmalâ Sundari Devî,
dite Mâ Ananda Mayî (1896-1982),
philosophe et mystique indienne

343
IGNORANT celui qui croit que l'âme peut tuer ou être tuée ; le sage, lui, sait bien qu'elle ne tue ni ne meurt. L'âme ne connaît ni la naissance ni la mort. Vivante, elle ne cessera jamais d'être. Non née, immortelle, originelle, éternelle, elle n'eut jamais de commencement, et jamais n'aura de fin. Elle ne meurt pas avec le corps.

Bhagavad-Gîtâ

344
DIEU VOUS PERMETTRA de parler avec autorité dans trois cas :

Si vous connaissez la Vérité ;
Si vous possédez la Lumière ;
Si vous êtes un Océan de Paix.

Chinmoy Kumar Ghose,
né Sri Chinmoy (1931-2007),
gourou indien, peintre, musicien et écrivain

345
VOUS ÊTES un mendiant,
vous mendiez l'amour.

Swâmi Prajnânpad,
appelé Swâmiji (1891-1974),
maître indien contemporain

346
SOUVENEZ-VOUS toujours
que vous êtes Dieu sous forme
humaine et un être humain
en Dieu.

Paramahansa Hariharananda
(1908-2002), mystique indien

347
SI JE NE POUVAIS pas accepter le christianisme comme parfait ou comme la plus grande des religions, je ne pourrais pas non plus considérer l'hindouisme comme tel. Les défauts de l'hindouisme me sont bien visibles. Si l'intouchabilité pouvait être une partie de l'hindouisme, ce serait une partie pourrie ou une excroissance.

Mohandas Karamchand Gandhi,
dit Mahatma Gandhi (1869-1948),
politicien et guide spirituel de l'Inde

348
LE SOUFFLE est la manifestation du divin.

Swami Satyananda (1896-1971),
mystique indien

349
LA JOIE est dans l'action,
pas la planification.

Swâmi Prajnânpad,
appelé Swâmiji (1891-1974),
maître indien contemporain

350
LA RELIGION de la non-violence
n'est pas seulement
pour les saints, elle est pour
le commun des hommes. C'est
la loi de notre espèce, comme
la violence est la loi de la brute.

Romain Rolland (1866-1944),
écrivain français,
lauréat du prix Nobel

351
SI LA NON-VIOLENCE est la loi de l'humanité, l'avenir appartient aux femmes.

Mohandas Karamchand Gandhi, dit Mahatma Gandhi (1869-1948), politicien et guide spirituel de l'Inde

352
AUSSI LONGTEMPS que votre esprit est tourné vers les choses du monde, vous recevez un billet de retour, vous restez lié à la ronde des naissances et des renaissances, et vous répétez la même sorte d'expérience encore et encore.

Nirmalâ Sundari Devî, dite Mâ Ananda Mayî (1896-1982), philosophe et mystique indienne

353
Il n'y a pas de bonne mère,
pas de mauvaise mère ;
ou bien elle est une mère
ou bien elle n'est pas une mère.

Swâmi Prajnânpad,
appelé Swâmiji (1891-1974),
maître indien contemporain

354
Un chercheur doit combattre ses sens pour obtenir la victoire spirituelle.

Paramhansa Yogananda (1893-1952),
philosophe et mystique indienne

355
CHERCHE LA BEAUTÉ, la vérité, l'excellence en accueillant aussi ta fragilité, ta vulnérabilité et ton ombre, de sorte d'être à même d'accueillir celles des autres.

Rabindranath Tagore (1861-1941),
poète et philosophe indien,
lauréat du prix Nobel

356
NOTRE MENTAL et notre ego sont comme le dôme et le fronton d'un temple émergeant des vagues alors que le vaste corps de l'édifice est englouti sous la surface des eaux.

Chinmoy Kumar Ghose,
dit Sri Chinmoy (1931-2007),
gourou indien, peintre, musicien et écrivain

357

BIEN QUE PROMETTANT le bonheur, le péché conduit au malheur.

Paramhansa Yogananda (1893-1952), philosophe et mystique indienne

358

À UNE DAME qui lui demandait : « Quand Swâmiji a-t-il renoncé au monde ? »
Swâmiji avait répondu : « Swâmiji n'a pas renoncé au monde, c'est le monde qui a renoncé à Swâmiji. »

Swâmi Prajnânpad, appelé Swâmiji (1891-1974), maître indien contemporain

359

SI LE TRAVAIL échoue si souvent,
c'est que, au lieu de neutraliser
le Capital par la non-coopération,
il essaie de s'emparer
de ce capital et de devenir
capitaliste lui-même,
au pire sens du terme.

Mohandas Karamchand Gandhi,
dit Mahatma Gandhi (1869-1948),
politicien et guide spirituel de l'Inde

360

UN SILENCIEUX cantique monte
de mon cœur comme la blanche
fumée des parfums d'Orient.
Et avec la sérénité du parfait
abandon, je Te salue dans le jour
qui se lève.

Mirra Alfassa,
dite la Mère (1878-1973),
compagne d'Aurobindo

361
ÊTRE, c'est être libre d'avoir.

Swâmi Prajnânpad,
appelé Swâmiji (1891-1974),
maître indien contemporain

362
LA VOIE du gourou ne mène
qu'à la porte du gourou.

Rabindranath Tagore (1861-1941),
poète et philosophe indien,
lauréat du prix Nobel

363
COMMENT peut-on apprendre
à se connaître soi-même ?
Par la méditation, jamais,
mais bien par l'action.

Mohandas Karamchand Gandhi,
dit Mahatma Gandhi (1869-1948),
politicien et guide spirituel de l'Inde

364
Tout ce qui vient à vous vient à vous parce que vous l'avez attiré.

Swâmi Prajnânpad,
appelé Swâmiji (1891-1974),
maître indien contemporain

365
À toute chose dans l'univers il correspond dans ce même univers une faculté capable d'en prendre connaissance.

Aurobindo Ghose,
dit Sri Aurobindo (1872-1950),
philosophe et mystique

Index des auteurs et sources cités

www.editionsduchene.fr

Éditrice : Volcy Loustau
Réalisation graphique : CGI
Correction : Mireille Touret
Fabrication : Marion Lance

Achevé d'imprimer en Malaisie
Dépot légal : mars 2012
ISBN : 978-2-81230-556-6
Nuart : 34/8448/2 - 01